Dieter Beese

Gefängnisseelsorge

Dieter Beese

Gefängnisseelsorge

Impulse für ein Gespräch

Fromm Verlag

Imprint

Any brand names and product names mentioned in this book are subject to trademark, brand or patent protection and are trademarks or registered trademarks of their respective holders. The use of brand names, product names, common names, trade names, product descriptions etc. even without a particular marking in this work is in no way to be construed to mean that such names may be regarded as unrestricted in respect of trademark and brand protection legislation and could thus be used by anyone.

Cover image: www.ingimage.com

Publisher:
Fromm Verlag
is a trademark of
Dodo Books Indian Ocean Ltd. and OmniScriptum S.R.L publishing group

120 High Road, East Finchley, London, N2 9ED, United Kingdom
Str. Armeneasca 28/1, office 1, Chisinau MD-2012, Republic of Moldova, Europe
Printed at: see last page
ISBN: 978-613-8-37813-6

Gefängnisseelsorge

Impulse für ein Gespräch

Dieter Beese

Vorwort der Vorsitzenden der Evangelischen Konferenz für Gefängnisseelsorge in NRW

Die Rede von der öffentlichen Verantwortung der Kirchen in der Gesellschaft ist gegenwärtig leiser geworden; lauter hingegen werden Äußerungen vom Bedeutungsverlust, dem Mitgliederschwund und zur notwendigen Aufarbeitung der noch nicht absehbaren Zahl von Missbrauchsfällen unter dem Dach der Kirchen.

Die Gefängnisseelsorge ist tätig im Strafvollzug, einem Ort staatlicher Verantwortung. Wer in der Gefängnisseelsorge arbeitet, geht der Kirche jedoch nicht verloren, sondern bringt seinen und ihren Blick auf die Menschen als Kirchenmensch dort ein, wo das System Strafvollzug zweifelsohne ohne Kirche funktionieren kann und dennoch ausdrücklich danach fragt und ihr einen Platz einräumt.

Gefängnisseelsorge arbeitet gleichsam an der Nahtstelle so unterschiedlicher Gewebe, wie sie das einer Vollzugsanstalt und der Kirchen nur sein können. Eine Nahtstelle, die permanent sichtbar und spürbar ist und auch Zerreißproben nicht ausschließt. Dieter Beese legt in seinen Ausführungen die Grundlagen und Chancen dieser Nahtstelle von Kirche und staatlicher Institution für die Gesellschaft ebenso wie für unsere Kirchen dar.

Als Evangelische Konferenz für Gefängnisseelsorge in NRW sind wir dankbar, dass er seine Überlegungen nicht nur unserem Kreis, sondern mit diesem Buch einer weiteren Öffentlichkeit zugängig macht. Er leistet dadurch einen wichtigen Beitrag dazu, die naturgemäß hinter Mauern verborgene Arbeit der Gefängnisseelsorge und ihre Verortung in der Mitte kirchlicher und gesellschaftlicher Verantwortung auch außen, vor den Mauern, sichtbar zu machen.

Elisabeth Biermann

Vorwort des Verfassers

Die vorliegende Veröffentlichung geht auf einen Vortrag bei der Gefängnisseelsorgekonferenz Nordrhein-Westfalen am 8. April 2024 in Essen zurück.

Ich habe beim Vortrag und dem damit verbundenen Austausch den Eindruck gewonnen, dass die vorgetragenen Überlegungen nicht nur für die Mitglieder der Gefängnisseelsorgekonferenz von Interesse sein könnten, sondern auch für Personen, die überlegen, ob sie in diesem Arbeitsbereich mitwirken möchten, sowie für Menschen, die in Kirche, Staat und Gesellschaft mit Fragen des Strafvollzugs und der öffentlichen Verantwortung der christlichen Kirchen befasst sind. Deshalb lege ich den Vortrag, leicht bearbeitet, hier in Buchform vor. Ich danke Frau Pfarrerin Elisabeth Biermann und dem Vorstand der Gefängnisseelsorgekonferenz Nordrhein-Westfalen herzlich für ihr freundliches Vorwort.

Die aktuelle Kirchenmitgliedschaftsuntersuchung der Evangelischen Kirche in Deutschland (KMU 6) lässt, vor allem in ihrem Abschnitt über Erwartungen von Kirchenmitgliedern und Bürgern an die Kirchen, erkennen, dass die Kirchen sich nicht auf den religiösen Bereich im engen Sinne zurückziehen sollten. Vielmehr wird von ihnen ein lebendiges Engagement in öffentlichen Angelegenheiten erwartet, ohne sich dabei in allgemeinen politischen Vorgaben und einseitiger Parteinahme zu verlieren. Die evangelische Kirche will nicht selbst Politik machen, aber einen Beitrag dazu leisten, dass Politik möglich ist. Dies entspricht dem ihr durch das Evangelium von Jesus Christus vorgegebenen Auftrag und den Erwartungen ihrer Mitglieder sowie der Öffentlichkeit.

Die Gefängnisseelsorge ist ein Arbeitsfeld, auf dem die evangelische Kirche diese Erwartungen im Zusammenwirken mit den für den Strafvollzug zuständigen Bundesländern einlöst. Zwar vollzieht sich dieser Dienst größtenteils hinter Mauern. Gleichwohl dürfte aber von öffentlichem Interesse sein, welche Bedeutung der Gefängnisseelsorge zukommt und wie sich ihre Lage gegenwärtig darstellt.

Zu danken habe ich Frau Oberkirchenrätin Katrin Göckenjan-Wessel und Herrn Pfarrer Michael Westerhoff vom Landeskirchenamt der EKvW für die vertrauensvolle Überlassung einschlägiger Beratungsunterlagen und Beschlüsse, Herrn Pfarrer i. R. Peter Burkowski, dem ehemaligen Vorstand der Führungsakademie für Kirche und Diakonie (FAKD), und Frau Kirchenrechtsdirektorin Dr. Hedda Weber, der stellvertretenden Leiterin des Büros des Beauftragten der Evangelischen Kirchen bei Landtag und Landesregierung von Nordrhein-Westfalen, für fachliche Beratung und Unterstützung sowie Frau Anja-Alexandra Jackowski für Korrektur und Bearbeitung des Manuskripts.

Ich hoffe, mit diesem Text einen förderlichen Beitrag zur Erhaltung und Weiterentwicklung der Gefängnisseelsorge leisten zu können.

(apl.) Prof. Dr. Dieter Beese, Bochum, im Juni 2024

Inhaltsverzeichnis

I. Modellgemeinde mit Identifikation und Sorgen

1. Präses Latzel: Gefängnispfarrer – Gemeindepfarrer

Der Präses der Evangelischen Kirche im Rheinland, Thorsten Latzel, hat in seinem Bericht gegenüber der Versammlung der rheinischen Landessynode im Januar 2024 Folgendes ausgeführt:

„Bei dem Besuch eines Kirchenkreises erzählen mir die Pfarrer/innen, die in Krankenhaus, Schule, Gefängnis tätig sind, wie zufrieden sie mit ihrer Arbeit sind. Der Grund: Sie würden den größten Teil ihrer Arbeit damit verbringen, wofür sie ausgebildet sind. Als ich kurz danach mit Gemeindepfarrer/innen spreche, zeigt sich ein anderes Bild. Auch sie lieben ihre Arbeit, sind gerne in den Gemeinden. Aber der Leidensdruck ist hoch, weil ein großer Teil der Arbeit in Verwaltung geht. Weil sie mit Aufgaben beschäftigt sind, für die sie nicht ausgebildet sind. Und weil es ein Gefühl permanenten Rückbaus gibt. Auch für das Gemeindepfarramt brauchen wir eine Aufgabenkritik. Geistliche Beziehungsarbeit muss im Zentrum stehen – in Seelsorge, Verkündigung, Gottesdienst, Unterricht, Begleitung von Ehrenamtlichen. Die Stundenregelung, die wir letztes Jahr beschlossen haben, ist dafür die Basis. Der erste Schritt. Und gerade junge Kolleg/innen sagen oft, dass sie im Team und aufgabenorientiert arbeiten wollen. Die Anstellung in der Region bzw. im Kirchenkreis ist dafür ein mögliches Modell."[1]

Dem rheinischen Präses scheint der Hinweis auf die Arbeitszufriedenheit und das Commitment der Amtsträger unter anderem in der Gefängnisseelsorge für die Darstellung des Gesamtbildes aus kirchenleitender Sicht wesentlich, unverzichtbar, möglicherweise geradezu richtungsweisend zu sein. Offensichtlich kommt dabei der Kongruenz von Personalpolitik, Qualifizierung, Dienstkultur und Identifikation mit dem Sinn des Dienstes große Bedeutung zu.

---

[1] Latzel, Thorsten, Bericht zur Landessynode 2024, S. 9, presse.ekir.de, Download: 22.03.2024

2.   Ev. Konferenz für Gefängnisseelsorge in NRW: Modellgemeinde mit Problembewusstsein

Am 31. Januar dieses Jahres erhielt ich von Herrn Pfarrer Michael Lucka für die Konferenz der Gefängnispfarrer Nordrhein-Westfalen die Anfrage zu diesem Vortrag. In dieser Anfrage heißt es:

> *„Wir Gefängnisseelsorger/Innen machen uns Sorgen um die Zukunft unserer Arbeit! Wer wird die Seelsorge in den Gefängnissen in 10 – 20 Jahren übernehmen? Werden sich unsere Kirchen aus den vermeintlichen Außenposten zurückziehen aufgrund fehlender Menschen, fehlender Ressourcen und einer Konzentration auf die Neustrukturierung von Gemeinden? Auch politisch kann sich vieles verändern, so dass die bisherige staatliche Refinanzierung durchaus irgendwann in Frage gestellt werden könnte. Wir wollen aber die Zukunft unseres Handlungsfeldes sichern, da wir in den ‚geschlossenen Systemen' von Gefängnissen eine äußerst wichtige Rolle spielen. Ekklesiologisch befinden wir uns genau an den Rändern der Gesellschaft, an die wir in der Nachfolge gesandt werden. Für den Gemeindeaufbau und die Neuausrichtung einer an Relevanz verlierenden Kirche könnten wir modellhaft zeigen, wie Gemeinde gelebt werden kann mit Menschen ohne jegliche kirchliche Prägung (deshalb unterscheiden sich z. B. unsere Gottesdienste grundlegend von ‚normalen')".* [2]

Mich hat diese Anfrage berührt: Bei aller Zufriedenheit und bei allem Commitment mit ihrem Dienstauftrag macht sich die Gefängnisseelsorge Sorgen um die Zukunft, und dafür gibt es gewichtige Gründe: Wie steht es um den Personalnachwuchs, wie um die kirchliche Strategie und Struktur? Wie steht es um die Stabilität des politischen und kirchenöffentlichen Kontextes der Gefängnisseelsorge?

---

[2] Lucka, Michael, E-Mail an den Verfasser, 31.01.2024.

3. Tagung der Gefängnisseelsorgekonferenz: Personalentwicklung in der Nische

Im Kurztext zur Tagung der Gefängnisseelsorgekonferenz am 8. April 2024 heißt es:

„Es trifft die Gefängnisseelsorge wie jeden anderen Bereich. Aber eben jetzt trifft es. Der demographische Wandel – aber nicht nur der – macht es schwierig, Interessierte für frei gewordene Stellen zu bekommen. Die bestehenden und kommenden Vakanzen wirken sich auf die Arbeit aller aus und natürlich auch auf die Menschen, für die wir arbeiten. Wo und wie erreichen wir diejenigen, die hier am richtigen Ort wären? Wo und wie können wir für diese besondere Nische im kirchlichen Dienst begeistern?“[3]

Drei miteinander zusammenhängende Dimensionen werden in den genannten drei Äußerungen adressiert:

1) der gesamt-gesellschaftliche und -kirchliche Kontext,

2) die Situation der Gefängnisseelsorge als gemeinsame Angelegenheit von Staat und Kirche und schließlich

3) die Frage der Nachwuchsgewinnung als besonderer Druckpunkt der Personal- und Strukturentwicklung in der Gefängnisseelsorge.

Ich entwickle meine Überlegungen in durchgehender Beziehung auf diese drei Dimensionen.

Im Blick auf das Anliegen der Personalentwicklung und Personalgewinnung stellt sich bei allen konkreten Maßnahmen immer auch die Frage, *warum* nachkommende Gefängnisseelsorger sich auf diesen Dienst einlassen sollen, warum Theologiestudenten, Vikare, Pfarrer im Probedienst und

---

[3] Evangelische Konferenz für Gefängnisseelsorge in Nordrhein-Westfalen, Gesamtkonferenz NRW am Montag, 08.04. in Essen, III. Hagen 39, 1.3.2024.

Pfarrstelleninhaber, Seiteneinsteiger und Ruheständler in die Gefängnisseelsorge gehen oder in ihr bleiben sollten.

Die Begründung und positive Argumentation für die Einstiegs- und Bleibemotivation[4] sind nicht weniger wichtig als die praktischen und nützlichen Maßnahmen, die zur Personalgewinnung geeignet sind.

---

[4] Beese, Dieter, Bei der Kirche arbeiten. Zehn Thesen, in: ders., Bei der Kirche arbeiten. Zur Motivation kirchlichen Engagements, 2018, S. 143-159, www.dieterbeese.de, Volltexte, Download: 06.04.2024.

II. Kirche im Gefängnis und Pflege der Demokratie

Gegenwärtig findet eine breite Debatte darüber statt, wie die von manchen
als bedroht und gefährdet angesehene Demokratie in Deutschland am besten
geschützt werden kann. Die entsprechenden Argumente werden in der Auseinandersetzung über das Vorhaben des Demokratiefördergesetzes der Bun-
desregierung[5] ausgetauscht. Die Gefängnisseelsorge gibt dem christlichen
Glauben in Freiheit und Verantwortung als Dienst an der Demokratie eine
eigenständige Gestalt.[6] Für die strategische Positionierung der evangelischen Kirche auf allen Ebenen wie auch für die subjektive Berufswahrneh-
mung ihrer Bediensteten dürfte dies von großer Bedeutung sein.

1. Werte des Grundgesetzes in actu

Gefängnispfarrer sind mit ihren Seelsorgehelfern als Amtsträger der Kirche
dafür zuständig, dazu beizutragen, dass Menschen – auch wenn diese
schwere und schwerste Rechtsverletzungen gegenüber ihren Mitmenschen
begangen haben – sich nicht nur theoretisch, grundsätzlich und prinzipiell,
sondern tatsächlich und konkret in ihrer spezifischen Lebenswelt, dem
Strafvollzug, als Personen mit unveräußerlicher Würde erfahren können.

---

[5] Deutscher Bundestag: Entwurf eines Gesetzes zur Förderung von Maßnahmen zur
Demokratieförderung, Vielfaltgestaltung, Extremismusprävention und politischen
Bildung (Demokratiefördergesetz – DFördG), Drucksache 20/5823, 01. März 2024,
https://dserver.bundestag.de/btd/20/058/2005823.pdf, Download: 22.03.2023.

[6] Die hier notierten Ausführungen sind vor dem Hintergrund der tiefen Verankerung
des Dienstes an Gefangenen sowohl in der biblischen Überlieferung wie auch in der
historischen Erfahrung von Kirche und Diakonie, besonders der modernen Diakonie
seit dem 19. Jahrhundert, zu verstehen. Angesichts des Vortragspublikums und aufgrund der inhaltlichen Akzentuierung dieses Vortrags wird dieser Verstehenshorizont
als gegeben vorausgesetzt und nicht eigens thematisiert und entfaltet. Exemplarisch:
Evangelischer Gefangenen Fürsorge Verein Düsseldorf e. V., Friedemann Bruhn/
Jörn-Erik Gutheil (Hg.), Von der „Besserungsanstalt" zum modernen Strafvollzug.
Evangelischer Gefangenen Fürsorge Verein Düsseldorf e. V. 2012.

Nur dies macht es möglich, dass der Gedanke der Resozialisierung zu einer realen Möglichkeit für die jeweils betroffene Person wird.[7]

In dieser Aufgabe sind die kirchlichen Amtsträger mit allen verbunden, die für den Strafvollzug Verantwortung tragen und in diesen als Interne und Externe einbezogen sind. Dieser gemeinsame Auftrag ist theologisch anschlussfähig und grundiert, so wie insgesamt die dem Strafvollzug zugrundeliegende Rechtsordnung theologisch anschlussfähig und grundiert ist und wie das Ethos der allgemeinen Menschenrechte ebenfalls theologisch anschlussfähig und grundiert ist, auch wenn weder die Rechtsordnung noch das Menschenrechtsethos noch die persönliche Subjektivität der handelnden Personen auf eine theologische oder kirchliche Legitimation angewiesen sind, und auch wenn kein religiöser Exklusivitätsanspruch auf theonome Humanität besteht.

Wir werden später noch auf das Konzept von säkularem Staat und religiöser Freiheit zurückkommen. An dieser Stelle sei allerdings daran erinnert, dass die höchste Rechtsprechung in Deutschland durchgehend davon ausgeht, dass den christlichen Kirchen die Aufgabe zukommt, den unbestimmten theologischen Vorbehalt in der Präambel der Verfassung: „in Verantwortung vor Gott und den Menschen" in Verkündigung, Bildung, Seelsorge und Diakonie zu verdeutlichen.[8] Die Kirchen stehen für eine Alternative gegenüber Menschen- und Weltverständnissen, die die Unterscheidung von Gott und Welt überwinden wollen, sei es durch säkularistische, den Menschen an die Stelle Gottes setzende, sei es durch religiöse, die Weltlichkeit der Welt religiös zurücknehmende Gegenmodelle.

---

[7] Lotter, Maria-Sybille, Schuld und Respekt. Über die Praxis von Vergeltung und Versöhnung, 2024.

[8] Das Bundesverfassungsgericht hat in seinem Urteil vom 17. November 1965 (Az. 1 BvR 268/63) grundsätzlich entschieden, dass den Kirchen die Aufgabe zukommt, die Werteordnung des Grundgesetzes von ihren Voraussetzungen her auszulegen. Als belegendes Zitat aus diesem Urteil kann folgender Satz angeführt werden: *"Die Kirchen haben die Werteordnung des Grundgesetzes in ihren Voraussetzungen zu entschlüsseln und durch verständliche Darlegung zu aktualisieren."*

2.   Im Namen des Herrn unterwegs

Innerhalb der verfassungsmäßigen Ordnung ist die Gefängnisseelsorge dafür zuständig, dass die genannten Personen sich als Träger unveräußerlicher Würde auch darin erfahren können, dass sie in ihrem Glauben, in ihrem Bekenntnis und ihrer religiösen Zugehörigkeit Träger vorstaatlicher Rechte sind, die der Staat nicht etwa gewährt, sondern als Grundrechte respektiert, garantiert und schützt. Dies, der tatsächliche Schutz der Grundrechte seiner Bürger, ist der Staatszweck, der ihm Legitimität gibt.[9]

Gefängnisseelsorger nehmen ihre Zuständigkeit nicht als Privatpersonen wahr, sondern als getaufte Christen, also zu Zeugnis und Dienst Berufene. Auf dieser allgemeinen Grundlage und, in besonderer Weise, aufgrund ihrer Ordination und des öffentlichen Amtes, in das sie berufen und eingeführt worden sind, erfüllen sie einen explizit zwischen Staat und Kirche, speziell der evangelischen Kirche, geschlossenen Vertrag.[10] Die Tatsache solcher vertraglichen Regelungen setzt die Trennung von Staat und Kirche voraus; denn es existiert, dem Grundgesetz entsprechend, keine Staatskirche.

Demokratiesicherung und Verteidigung der Demokratie sind demnach nicht nur strukturell, sondern auch personell-organisatorisch als Aufgabe evangelischer Christen und ihrer Kirchen in der Gefängnisseelsorge exemplarisch und prominent ausgestaltet. Damit sind Grundlage und Rahmen auch für spontane und situationsbezogene Initiativen und Angebote gelegt und gesetzt.

---

[9] GG Art 1 (1).

[10] Zu den rechtlichen Verhältnissen der Gefängnisseelsorge: Weckelmann, Thomas/ Weber, Hedder, Gefängnisseelsorge/Seelsorge im Maßregelvollzug, Seelsorge in der Unterbringungseinrichtung für Ausreisepflichtige, Büren, in: Kemper, Burkhard/ Schilberg, Arno (Hg.), Staat und Religion in Nordrhein-Westfalen 2020, S. 481-484.

3.   Unabhängig von aktueller medialer Aufmerksamkeit

Die evangelische Kirche hat nach dem Zweiten Weltkrieg 40 Jahre gebraucht, um sich öffentlich und verbindlich positiv zur freiheitlichen, sozialen, rechtsstaatlichen und repräsentativen Demokratie zu stellen und diese als Gestaltungsaufgabe anzunehmen.[11] Für das Selbstverständnis der kirchlichen Amtsträger ist dies ein bedeutsamer Sachverhalt. Es muss ihnen am Herzen liegen, zum Gelingen der freiheitlichen Demokratie so beizutragen, wie es ihrem im Evangelium gegründeten Auftrag entspricht.

Die Kirche wird ihrem Anspruch gerecht, ihren Beitrag zum Gelingen der Demokratie zu leisten, indem sie in brisanten und relevanten Arbeitsfeldern institutionell und mit besonders dazu beauftragten Amtsträgern tätig ist, wie beispielsweise in der Polizei, im Strafvollzug, in der forensischen Psychiatrie oder in der Schule. Im 75. Jubiläumsjahr des Grundgesetzes der Bundesrepublik Deutschland erscheint es angemessen, sich daran zu erinnern, dass es sich bei dem Dienst der Kirche nicht lediglich um eine allgemeine Zustimmung zum Prinzip der Demokratie handelt, sondern um die verlässliche Mitarbeit am Alltag in der repräsentativen, parlamentarischen Demokratie als eines freiheitlichen und sozialen Rechtsstaats, welcher den Grundrechten der Bürger und den allgemeinen Menschenrechten verpflichtet ist.[12]

Zum Schutz der Demokratie und zum Eintreten für die Demokratie muss die evangelische Kirche nicht eigens aufgerufen werden. Sie tut dies, strukturell abgesichert, nach einem schmerzhaften Lernprozess seit vielen Jahrzehnten an neuralgischen Punkten und beschränkt sich dabei nicht auf plebiszitäre und aktivistische Spontanprojekte. Diese dauerhafte kirchliche Dienstleistung geschieht auch dann, wenn die mediale Aufmerksamkeit und die aktuelle thematische Brisanz polarisierender Debatten abebben.

---

[11] EKD, Evangelische Kirche und freiheitliche Demokratie. Der Staat des Grundgesetzes als Angebot und Aufgabe, 1985.

[12] Vgl. Munsonius, Hendrik, Religion im Grundgesetz. Einige Anmerkungen anlässlich seines 75jährigen Bestehens, in: DtPfrBl 5/2024, S. 244-249.

4.   Auf der Intensivstation menschlicher Beziehungen

Das Staatskirchenrecht ist eine sehr grundsätzliche, durch das Grundgesetz der Bundesrepublik Deutschland als eines freiheitlichen Rechts- und Sozialstaats auf Dauer angelegte Regelung. Diese Regelung ist zugleich sehr voraussetzungsreich und dem historischen Wandel unterworfen.

Charles Montesquieu hatte einst darauf verwiesen, dass es einen fundamentalen Unterschied zwischen der Despotie und dem gemäßigten Regiment gibt. Für die Einführung und Aufrechterhaltung einer Despotie reicht die unwiderstehliche Macht des Herrschers. Innerhalb des gemäßigten Regiments unterscheidet Montesquieu zwischen der Monarchie und der Republik. Den Bestand der Monarchie sichern die anerkannte Autorität des Monarchen und die Legitimität der Tradition. Den Bestand der Republik sichert allein die Tugend der Bürger, die in der Achtung vor dem durch gewählte Organe gegebenen Recht und Gesetz ihre eigene Freiheit wiedererkennen.[13] Die Herrschaft des Rechts und die Herstellung von Rechtsbewusstsein sind insofern eine Daueraufgabe.

Die evangelische Kirche sagt an unterschiedlichen Stellen, sie wolle nicht selbst Politik machen, sondern Politik möglich machen.[14] Die Arbeit an der Rückgewinnung von Straftätern für ein rechtsstaatliches Ethos (und damit auch der Vermeidung potentieller künftiger Opfer) trägt an einem neuralgischen Punkt dazu bei, demokratischer Kultur Raum und Zeit zu geben und damit dieser Intention zu entsprechen.

---

[13] „Zum Fortbestand oder zur Stützung einer monarchischen oder einer despotischen Regierung ist keine sonderliche Tüchtigkeit von Nöten. Unter der einen regelt die Kraft des Gesetzes alles oder hält alles zusammen, unter der anderen der immer schlagkräftige Arm des Herrschers. In einem Volksstaat ist aber eine zusätzliche Kraft nötig: die Tugend.“ Montesquieu, Charles, Vom Geist der Gesetze, 1748; III. Buch, Kapitel 3.

[14] Barth, Hermann, Vortrag in der Hermann-Ehlers-Akademie, Kiel, 11.05.2006, https://tinyurl.com/46ftt6h4, Download: 25.03.2024.

5. Alltagsethos statt Sensation

Ein wichtiges Element der Mäßigung ist über das staatsbürgerliche Ethos und die Herrschaft des Rechts in Freiheit hinaus die öffentliche Verwaltung. Sie sichert zwar einerseits die bestehende, demokratisch legitimierte Herrschaft, zugleich aber führt sie die hochschwingenden Pläne ambitionierter Regierungen in ihrer langsam mahlenden Mühle durch Verkleinerung der übergroßen Brocken und Verzögerung allzu überstürzter Maßnahmen in überschaubare Zeitschritte auf ein menschliches und zivilisiertes Maß zurück.[15]

Eine Politisierung und Überfrachtung der Verwaltung durch unterschiedliche Formen ideologischer Einflussnahme anstelle nüchterner Alltagsarbeit stellt eine grundsätzliche Gefährdung der Humanität dar.[16] Sie verfestigt Vorurteile, etabliert Parteilichkeit, mobilisiert Emotionen, schafft Überkomplexität und spaltet das Gemeinwesen. In dem Maße, wie Kommissare und besondere Beauftragte mit sachfremden Ambitionen die Prinzipien der Gleichheit, Gerechtigkeit, Sachlichkeit und Zügigkeit (so hätte Max Weber sich wohl ausgedrückt) instrumentalisieren, transformieren sie das gemäßigte Regiment, von dem einst Montesquieu gesprochen hatte, zur Despotie.

Auf der Grundlage der Partnerschaft von Staat und Kirche beruhen auch die kirchliche Bildungsarbeit und Seelsorge. Bildung und Seelsorge am Arbeitsplatz tragen zur Sensibilisierung der öffentlichen Bediensteten im Sinne eines demokratischen Berufsethos´ bei. Sie leisten einen Beitrag zum Schutz und zur Verlebendigung der Demokratie, indem sie eine im Glauben

---

[15] Davon zu unterscheiden sind Dysfunktionalität und Ineffektivität aufgrund von Unprofessionalität und fehlerhafter Steuerung und Führung.

[16] Strobel, Bastian, Politik und Verwaltung in deutschen Diktaturen. Eine vergleichende Analyse des Nationalsozialismus und des DDR-Regimes, 2022; Lenzen, Dieter, Die Herrschaft der Büros, F.A.Z., 22.05.2024, https://tinyurl.com/2b7k2nt7, Download: 23.05.2024.

begründete Sachlichkeit kultivieren, die ideologische und religiöse Überhöhungen vermeidet.[17]

[17] Zur ethischen Bildungsarbeit im Strafvollzug mit weiterführenden Hinweisen: Pfalzer, Stephanie/Schroven, Günter/Walkenhorst, Philipp, Ethik im Vollzug – das gibt's! Theoretische Grundlegungen und praktisches Forum Strafvollzug, Zeitschrift für Strafvollzug und Straffälligenhilfe (FS) 3/2017, S. 154f.; für die Polizei: Wagener, Ulrike, Ethische Bildung in der Polizei, in: Ethik und Gesellschaft 1/2009: Bildung, Gerechtigkeit und Kompetenz, https://tinyurl.com/4ye753ms, Download: 22.04.2024; für die Bundeswehr: Gillner, Matthias, Ethische Bildung in der Bundeswehr. Selbstbindung an Werte und moralische Urteilskraft, in: Zentrum für ethische Bildung in den Streitkräften (Hg.), Ethik und Militär. Kontroversen in Militärethik und Sicherheitspolitik, 2019/02, https://tinyurl.com/ykf5hasj, Download:22.04.2024.

III. Lebensäußerungen von Kirche und Demokratie

Die Lebensäußerungen der christlichen Kirche – Gottesdienste, öffentliche Verantwortung, Bildung und Erziehung, Diakonie und Seelsorge, Mission und Ökumene und selbstbestimmte Leitung[18] als Zeugnis und Dienst des Evangeliums – liegen quer zu jeweils aktuell öffentlich verhandelten Imperativen. Sie sind vor dem Hintergrund der historischen Erfahrungen der Kirche gleichermaßen anschlussfähig für die Strömungen ihrer Zeit, wie sie auch ein kritisches Ferment ihnen gegenüber darstellen. Die Gefängnisseelsorge verhält sich in einer spezifischen Lebenswelt als Dienst einer freien Kirche in einem freien Staat konstruktiv und kritisch zu den Aushandlungsprozessen aktueller Identitätskonflikte.

1. Antagonistische Welt- und Menschenbilder

Gegenwärtig hat es den Anschein, als müsse das beschriebene in Geltung befindliche und täglich mit Leben erfüllte Grundkonzept einer rechtsstaatlichen, freiheitlichen und sozialen, repräsentativen Demokratie neu ausgehandelt werden. Dabei spielen drei kollektive Akteure die Hauptrollen, nämlich

1) der neomarxistische intersektionale Queer-Feminismus mit seinen ihm zugrundeliegenden Critical Social Justice Theories[19],

2) der politische Islamismus mit dem Anspruch, der Scharia Geltung zu verschaffen,[20]

---

[18] EKvW, Aufgaben und Ziele der EKvW, 2008, https://tinyurl.com/3a3ead62, Download: 23.03.2024.

[19] Ackermann, Ulrike, Die neue Schweigespirale. Wie die Politisierung der Wissenschaft unsere Freiheit einschränkt, 2022, S. 125-134.

[20] Schröter, Susanne, Im Namen des Islam. Wie radikalislamische Gruppierungen unsere Gesellschaft bedrohen, 2021, S 325-352.

3) der Neo-Nationalsozialismus mit der Restitution des sozialdarwinisti-
schen Rassenprinzips samt unterschiedlichsten Spielarten des autoritären
Nationalismus.[21]

Im öffentlichen Raum kristallisiert sich das daraus erwachsende Konflikt-
potential auf vier Arenen, nämlich a) soziale Teilhabe, b) Migration,
c) Identität und d) Klima.[22] Die drei Hauptakteure konfrontieren die liberale,
repräsentative, bürgerliche Demokratie mit den ihr zugeschriebenen Schat-
tenseiten. Sie dramatisieren und skandalisieren ihre tatsächlichen oder ver-
meintlichen Schwächen und stellen sie grundsätzlich in Frage.

Die Infragestellung erfolgt auf dreierlei Weise:

1) Der politische Islamismus lehnt das liberale demokratische System
grundsätzlich ab und will es durch die Herrschaft der Umma und ihrer
Scharia ersetzen.

2) Die intersektionale Linke nimmt die Demokratie exklusiv für sich als deren Beschützerin im sogenannten „Kampf gegen rechts" in Anspruch:
Als die gute, demokratische Zivilgesellschaft unter ihrer Ägide steht
diese der tendenziell transfeindlichen, islamophoben, kolonialistischen
und weißen Mehrheitsgesellschaft gegenüber.

3) Der Neo-Nationalsozialismus strebt danach, die demokratische Form zu
nutzen, um so die erforderlichen Machtpositionen einzunehmen, aus de-
nen heraus der Systemwechsel dann handstreichartig erfolgt.

Gemeinsam ist allen drei Hauptakteuren der latente oder auch manifeste Antisemitismus vom Ressentiment bis hin zum Vernichtungsantisemitismus[23],
getrieben von Verschwörungsmythen der Weltherrschaft des jüdischen

---

[21] Bundesamt des Innern und für Heimat, Verfassungsschutzbericht 2022, 2023,
https://tinyurl.com/3ax9pf74, Download: 13.03.24.

[22] Mau, Steffen/Lux, Thomas/Westheuser, Linus, Triggerpunkte. Konsens und Konflikt, Sonderdruck, 2. Aufl. 2023, S. 37-70.

[23] Wolffssohn, Michael, Nie wieder? Schon wieder! Alter und neuer Antisemitismus,
2024.

Finanzkapitals, das in der Form von westlich-weißer Superiorität und kapitalistisch-patriarchaler Ausbeutung oder ungläubiger Gottesleugnung indigene, nicht-weiße Kulturen unterwirft, sie unterdrückt und so strukturell-intersektional zu Opfern macht.[24]

Die traditionellen, die liberale Demokratie tragenden Personen, Gruppen und Institutionen, Sozialliberale, Liberal-Konservative und Konservative geraten dabei unter Druck und sehen sich in die Defensive gedrängt, wenn sie die für sie entscheidenden Prinzipien geltend machen, nämlich das Heteronormativitätsprinzip (Schutz von Ehe und Familie als Grundlage der humanen Reproduktion), das Rechtsstaatsprinzip (Staatsbürgerschaft als Grundlage der Volkssouveränität, Gleichheit vor dem Gesetz, Unschuldsvermutung, Verbot von (auch positiver) Diskriminierung) und das Meritokratieprinzip (Leistung statt Abstammung und Gruppenzugehörigkeit).

Grenzüberschreitungen in öffentlichen Auseinandersetzungen werden in einem Rechtsstaat nicht nur sozial, sondern auch ordnungs- und strafrechtlich sanktioniert. Die Zusammensetzung der Insassen, die Konzeptentwicklung des Strafvollzugs und deren personelle Diversifizierung, sowie die öffentliche Debatte über die Form der Sanktionierung etwa von sogenanntem „zivilen Widerstand", religiös, kulturell oder politisch motivierten Handlungen oder die Missachtung von Konfliktregeln im Meinungs- und Machtkampf in der Demokratie schlagen sich in der Aufgabenwahrnehmung der Gefängnisseelsorge nieder.

---

[24] Pollack, Detlev, Der Westen als Täter. Die Wurzeln des postkolonialen Antisemitismus, in: FAZ 22.03.2024, https://tinyurl.com/bdhf42uf, Download: 25.03.2024.

2. Theologische Aufklärung

Wer Kultur- und Identitätskämpfen gegenüber auf Distanz geht, erkennt, dass nicht alles, was die öffentliche Aufmerksamkeit erregt, sich im tatsächlichen Leben der Bürger und Bewohner des Landes auch so darstellt, wie es gezeichnet wird. Es bedarf also einer empirisch-kritischen Kontrolle. Zieht man in Betracht, dass kulturell und medial konstruierte Wirklichkeit eigenen Gesetzmäßigkeiten unterliegt (Dramatisierung, Personalisierung, Moralisierung, Inszenierung, Framing, Wiederholung), ebenso wie der politische Machtkampf (Feindbildprojektionen, Simplifizierung, Mobilisierung), so können entsprechende deskriptiv-analytische, nicht aktivistische wissenschaftliche Studien eine relativierende, kontextualisierende, historisierende und normalisierende Wirkung entfalten:

Die Arbeit von *Steffen Mau*, „Triggerpunkte. Konsens und Konflikt in der Gegenwartsgesellschaft" stellt die These von der angeblichen Spaltung der Gesellschaft in Frage. Wir haben es, so die bildhaft-anschauliche Pointe, bei der deutschen Gesellschaft nicht mit einem Kamel, sondern mit einem Dromedar zu tun. Es ist also nicht so, dass zwei Höcker durch einen Graben getrennt sind, vielmehr sammeln sich unter einem Höcker die vitale Gesamtmasse des gesamten Lebewesens, die nach den Gesetzen der Gaußschen Normalverteilung sortiert ist und so auch funktioniert. Nur in vier Arenen kommt es im öffentlichen Raum zu Konflikten, die durch Trigger ausgelöst werden: Soziale Benachteiligung, illegale Migration, geschlechtliche und kulturelle Identität, Klimakrise.[25]

Kurz formuliert: Es kommt auf konkrete Problemlösungen und nicht auf generalisierte Weltsichten an. In eine ähnliche Richtung der weitgehenden Normalität und Zufriedenheit weisen auch die empirischen Arbeiten von *Martin Schröder*. Er greift auf Langzeitstudien zur Lebenszufriedenheit zurück. Der Titel einer älteren Arbeit ist Programm: „Warum es uns noch nie

---

[25] Mau u. a., 2023, S. 8, s. Anm. 22.

so gut ging und wir trotzdem ständig von Krisen reden"[26]. Demokratische Praxis lebt von Problemlösung, Kompromiss und genereller Zustimmung. Demokratiefeindliche Bestrebungen leben von der Dramatisierung tatsächlicher oder vermeintlicher Krisen und befeuern damit die angebliche Berechtigung und Notwendigkeit außerordentlicher Maßnahmen, auch jenseits der geltenden Rechtsordnung.[27]

Mit der Bezugswissenschaft der Theologie steht der Gefängnisseelsorge ein Instrumentarium kritischer Selbstreflexion und Selbstkontrolle zur Verfügung.[28] Die theologische Wissenschaft bildet ein relevantes Potential, hermeneutische, pragmatische und empirische Erkenntnisse aufzugreifen und hervorzubringen. Diese Erkenntnisse sind an Schrift und Bekenntnis gebunden und verweisen auf die consolatio fratrum (geschwisterliche Beratung) bzw. synodale Prozesse, um Diskurse und Entscheidungen vor heteronomer

---

[26] Schröder, Martin, Warum es uns noch nie so gut ging und wir trotzdem von Krisen reden, 2. Aufl. 2018; ders., Wann sind wir wirklich zufrieden? Überraschende Erkenntnisse zu Arbeit, Liebe, Kindern, Geld. Mit neuen Daten und einem Kapitel zur Zufriedenheit in der Pandemie, 2021.

[27] „Souverän ist, wer über den Ausnahmezustand entscheidet." Schmitt, Carl, Politische Theologie I. Vier Kapitel zur Lehre von der Souveränität, 1922, 6. Aufl. 1993, S. 13.

[28] Zur theologischen Aufklärung trägt auch ein theologisches Verständnis von Seelsorge bei, das im enzyklopädischen Sinne Schleiermachers die historische Erfahrung der Kirche als Modellbildung für Leitlinien aktueller Praxis versteht. Beese, Dieter, Geschichtlich-theologische Aspekte einer Seelsorge in der Diakonie, in: Diakonie Rheinland-Westfalen-Lippe (Hg.), Seelsorge in der Diakonie RWL. Einblicke, Erfahrungen und Perspektiven. Digitale Impulse aus dem Kontext der Diakonie RWL, Redaktion Helga Siemens-Weibring Claudia Broszat, Februar 2021, S. 5-12. https://tinyurl.com/2yt67bb7, Download: 23.03.2024.

Instrumentalisierung zu schützen[29] und einer Selbstauslieferung an moralische, weltanschauliche oder politische Fremdansprüche vorzubeugen.[30]

---

[29] Ackermann, Ulrike, Die neue Schweigespirale, 2022, s. Anm. 19. Wie das Wissen-
schaftssystem insgesamt, so ist auch die evangelische Theologie – vergleichbar mit
der ideologischen Überfremdung der Verwaltung (s. o., Ziff. I.5) – nicht davor geschützt, ihre Freiheit, die Wissenschaftsfreiheit, zu verspielen.

[30] Kostner, Sandra, Wissenschaftsfreiheit: Warum dieses Grundrecht zunehmend umkämpft ist, 2022.

IV. Vom Postsäkularismus zu multiplen Säkularitäten

Die EKD-Kirchenmitgliedschaftsuntersuchung, KMU 6,[31] bildet die Polaritäten der kirchlichen Auseinandersetzung mit der Moderne ab. Ihre Voraussetzungen und Ergebnisse werden strittig aus der Perspektive säkularisierungs- und individualisierungstheoretischer Perspektiven einerseits und normativ theologischer Perspektiven andererseits diskutiert. Daraus resultierende Entwicklungserwartungen können als multiple Säkularitäten verstanden und praktisch miteinander vermittelt werden.[32] Die Gefängnisseelsorge ist dafür ein anschlussfähiges Beobachtungs- und Anwendungsfeld.

1. Säkularisierungs-, Individualisierungs- und Identitätserfahrungen

Die evangelische Kirche vergewissert sich seit vielen Jahren regelmäßig in einer groß angelegten Befragung ihrer Mitglieder, der Kirchenmitgliedschaftsuntersuchung (KMU), ihrer Position in der Gesellschaft. Die Fragestellungen, die den Erhebungen zugrunde liegen, spiegeln die jeweilige Zeitlage, das Eigeninteresse der Auftraggeber und den aktuellen methodischen Standard der Religionssoziologie wider. Ihre Ergebnisse haben wissenschaftliche, öffentliche und praktische Relevanz und sind zugleich

---

[31] EKD, 6. Kirchenmitgliedschaftsuntersuchung zur Bedeutung der Kirche in der Gesellschaft, 2023, https://tinyurl.com/4vmkbhum, Download: 23.03.2024; Erichsen-Wendt, Friederike, Wie hält es die Kirche mit der Kirchenmitgliedschaftsuntersuchung? In: DtPfrBl 12/2023, S. 727-731; Anselm, Reiner/Merle, Kristin/Pohl-Patalong, Uta, Religiosität in ihrer Vielfalt ernst nehmen, ebd., S. 732-734; Fischer, Johannes, Religionssoziologie als neue kirchliche Leitwissenschaft? Ebd., S. 735-738; Pollack, Detlef, Theologen auf dem Holzweg, in: F.A.Z., 14.11.2023, https://tinyurl.com/39cy63a9, Download: 25.03.2024.

[32] Burchardt, Marian/Wohlrab-Sahr, Monika, Postsäkularität oder multiple Säkularitäten? Was steckt hinter den neuen Deutungen der religiösen Lage? ThLZ 3, 2024, Sp. 127-140.

Projektionsflächen für unterschiedliche Erwartungen entlang den kirchen-
politischen Konfliktlinien.

Strittig im Zusammenhang mit der aktuellen kirchlich veranlassten Erhe-
bung KMU 6 ist dabei, welche Betrachtungsweisen erkenntnisleitend sind.
Drei Positionen sind von besonderem Interesse, nämlich

1) die Säkularisierungstheorie, die von einem fortschreitenden Bedeutungs-
und Relevanzverlust des christlichen Glaubens in der modernen Gesellschaft ausgeht,

2) die Individualisierungstheorie, die von einem Transformationsprozess
der Religion im Sinne der Subjektivierung und individualistisch-autono-
men Religionsproduktivität ausgeht, sowie

3) einer modernitäts- und aufklärungskritischen Theologie, die gegenüber
dem Anspruch der Religionssoziologie, die Rolle einer Leitwissenschaft
in der Kirche zu spielen, die theologische Tradition vertritt als nicht durch
andere (vermeintlich wissenschaftlichere) Rationalitäten substituierbare
schrift- und bekenntnisgebundene Selbstreflexion des Glaubens.

An dieser Konfliktlage wird deutlich, dass für das evangelische Christentum
die Position gegenüber der Moderne nach wie vor das zentrale Problem, also
die prioritär zu bearbeitende Aufgabe, darstellt.

Es liegt auf der Hand, dass die Zukunftsoptionen sich je nach Ansatz unterscheiden: Sie tendieren zu einer eher defensiv-konservativen Vorgehensweise unter der Säkularisierungstheorie, einer eher optimistisch-progressi-
ven Vorgehensweise unter der Individualisierungstheorie und einer identi-
tären Tendenz unter der Dominanz eines normativ theologischen Ansatzes.

Die Gefängnisseelsorge erfährt in ihrer Arbeit das relative Recht aller drei
Ansätze: die Relativierung ihrer Position im System Gefängnis angesichts
der Diversifizierung von Personal und Insassen, die Akzeptanz ihrer Angebote aufgrund der Subjekt- und Bedarfsorientierung z. B. bei der Gottes-
dienstgestaltung, Seelsorge und Gemeinschaftsbildung und das Erfordernis,

sich der inhaltlichen Mitte ihrer Arbeit zu vergewissern durch theologische Konzentration auf die reformatorische Unterscheidung von Gott und Mensch, Person und Werk, Glaube und Moral.

2.　Multiple Säkularitäten

Die öffentliche Konfliktlage des inzwischen deutlich erkennbaren Bündnisses zwischen der queer-feministischen Linken[33] und dem politischen Islamismus[34] unter dem Kampfbegriff des „antimuslimischen Rassismus" einerseits und die christentumswidrige Ideologie des Neo-Nationalsozialismus[35] nötigen die evangelische Kirche zu einer sachgemäßen Positionierung, die angesichts der wachsenden Zahl muslimischer Strafgefangener, sowie links- und rechtsextremistischer Straftaten für die Gefängnisseelsorge von großer Bedeutung ist.

In diesem Zusammenhang ist zu diskutieren, was unter Aufklärung, Moderne oder eben – und auf diesen Begriff möchte ich mich jetzt konzentrieren – unter „Säkularität", also Weltlichkeit, zu verstehen ist. Von unterschiedlichen Autoren wird der Begriff „Postsäkularität" verwendet. Dahinter können sich unterschiedliche Interessen verbergen, nämlich

1) die Einsicht, dass die lange beschriebene Säkularisierung als fortschreitende Auflösung der Religion, sei es als Fortschritt, sei es als Verfall, nicht eintritt, sondern Religion vielmehr dauerhaft als Ressource oder als Problem auf dem Plan bleibt,

2) die Erkenntnis, dass die Unterscheidung von religiös versus säkular keinerlei Resonanzboden mehr hat, weil das Religiöse, von dem das Säkulare sich abgrenzt, längst irrelevant geworden ist,

---

[33] Ackermann, Ulrike, Die neue Schweigespirale, 2022, s. Anm. 19.

[34] Schröter, Susanne, Im Namen des Islam, 2021, s. Anm. 20; zum christlichen Extremismus: Brockschmidt, Annika, Amerikas Gotteskrieger. Wie die Religiöse Rechte die Demokratie gefährdet, 2. Aufl. 2021.

[35] BMI, Verfassungsschutzbericht 2022, 2023, S. 48-126, s. Anm. 21.

3) die Forderung, dass das Prinzip der Säkularität der öffentlichen Ordnung „etsi deus non daretur" als ein im Ursprung protestantisches, weißes, kolonialistisches Prinzip (Modell: Westfälischer Frieden) im Namen der Beseitigung von patriarchalischer, kapitalistischer, heteronormativer, intersektional akkumulierter Unterdrückung zur Herstellung von Gerechtigkeit zu überwinden ist.

Gegenüber allen drei Verständnissen von Säkularität im Postsäkularismus ist zu fragen, ob es nicht weiterführender ist, von „multiplen Säkularitäten" zu sprechen.[36] Das heißt: Ausgehend von der jeweiligen Position und Lebenswirklichkeit wird deskriptiv-analytisch exploriert, welche Art von menschlich relativ autonomer Handlung in Bezug auf gegebene religiöse und weltanschauliche Geltungsansprüche sich aus individualpsychologischen, ökonomischen, ethnischen oder kulturpolitischen Anforderungen heraus identifizieren lassen.

Vor diesem Hintergrund lassen sich symbolische und institutionelle religionsbezogene Unterscheidungen vornehmen. Der Ansatz „multiple Säkularitäten" macht Säkularität zum Beobachtungs*gegenstand*, während Säkularismus normative Grenzüberschreitungen und Säkularisierung einen Prozess des Rückgangs von Religion bezeichnen, also vermeintlich vorgegebene, Anpassung fordernde gesellschaftliche Entwicklungen adressieren. Er fragt also „nach Gemeinsamkeiten und Unterschieden in der Herausbildung religionsbezogener Unterscheidungen, nach deren jeweiliger Sinnaufladung und ihrem Problembezug, sowie nach Akteuren, Kontexten und Anlässen ihrer Aushandlung, Durchsetzung und Infragestellung."[37]

---

[36] Burchardt u. a., 2024, s. Anm. 32.
[37] Ebd., 2024, Sp. 139.

3. Safer Space am Rande aktueller Kulturkämpfe

Aufgrund der Situationsanalyse und einer entsprechenden Selbstreflexion sucht die evangelische Kirche den sachgemäßen Kurs für ihre Zukunftsplanung. Grob skizziert lässt sich sagen: Die große Mehrheit der mit ihrer Kirche verbundenen Mitglieder gehört ausweislich ihres Wahlverhaltens[38] der Mehrheitsgesellschaft an, die aus der Perspektive der aktiven Zivilgesellschaft unter dem Verdacht der Offenheit für „rechts" und der strukturellen Islamfeindlichkeit steht.

Tabelle 1
Wahltagsbefragung Bundestagswahl am 24. September 2017 – WEST
Wahlentscheidung in sozialen Gruppen
in Prozent

	CDU/ CSU	SPD	Linke	Grüne	FDP	AfD	Sonstige
Gesamt	34,1	21,9	7,4	9,8	11,5	10,7	4,7
KONFESSION							
katholisch	44	18	5	8	11	10	5
evangelisch	33	25	7	10	11	10	4
keine	23	20	12	13	13	13	6
KIRCHGANG							
jede Woche	59	12	3	8	7	9	3
ab und zu	47	19	5	8	10	9	3
selten, nie	32	24	7	10	12	10	5

Der offizielle, kirchliche Protestantismus präsentiert sich demgegenüber als aktiver Teil der Zivilgesellschaft im Kampf für Gerechtigkeit „gegen rechts".[39] Die Entfremdung zwischen der evangelischen Kirche als

---

[38] Neu, Viola, Religiosität und Wahlverhalten. Eine repräsentative Untersuchung (Konrad Adenauer-Stiftung, Analysen und Argumente 408, September 2020), 2020, Tabelle: S. 7.

[39] Vgl. z. B. die Homepage der EKD und weiterführende Links wie „Kirche gegen

Institution mit deren Repräsentanten gegenüber den kirchenverbundenen Mitgliedern ist mit Händen zu greifen. Ablesen lässt sich die analoge Entfremdung von Politik und Kirchen einerseits und der Bevölkerung andererseits an aktuellen Erhebungen zum Institutionenvertrauen[40] und zur Einschätzung der Gefahr durch Rechts- und Linksextremismus.[41]

Die Gefängnisseelsorge ist, vergleichbar mit der Polizeiseelsorge und der Militärseelsorge oder der Notfallseelsorge dem Spannungsfeld des öffentlichen Kampfes konkurrierender Ansprüche auf Deutungshoheit in beachtlichem Umfang entzogen und fliegt, um diesem militärischen Ausdruck zu verwenden, unter dem Radar der skandalmedialen Aufmerksamkeit. Dies hat den Vorteil, dass die Gefängnisseelsorge sich konzentriert ihres Auftrags und seiner Grundlagen vergewissern kann. Sie setzt nicht zuerst auf politisch-ethische Positionierung, sondern auf theologisch-reflexive Distanz, um einen offenen Raum außerhalb von Moralerwartungen und sozialen Sanktionen zu schaffen. Ein Dokument dieser theologischen Sachorientierung ist m. E. das Video „Seelsorge ist da" mit Sabine Reinhold.[42]

Biblisch gesehen stehen wir als Menschen und als Christen in jedem Augenblick unseres Lebens im eschatologischen „nyn", dem Augenblick, in dem chronos und kairos zusammenfallen. An jedem Ort und zu jeder Zeit stehen wir unmittelbar zu Gott zwischen den Zeiten, haben Anteil am Gewesenen, Gegenwärtigen und Kommenden, müssen die Frage beantworten: *„Adam, wo bist du?"* und hören den Ruf: *„Folge mir nach!"*. Es ist immer Christus allein, der der Kyrios der Welt und jedes Einzelnen von uns ist, es sind nicht

---

Rechtsextremismus": Kirche gegen Rechtsextremismus – EKD, Download: 11.04.2024.

[40] Wie viel Vertrauen haben Sie zu folgenden Institutionen? Statista 2024, Institutionen - Vertrauen in Deutschland 2023 | Statista, Download 22.04.2024.

[41] Ist der Rechtsextremismus bzw. Linksextremismus eine (sehr) große Gefahr für die Demokratie in Deutschland?, Statista 2018, Gefährdung der Demokratie durch Rechts- und Linksextremismus 2018 | Statista, Download: 11.04.2024.

[42] EKiR/Reinhold, Sabine, Seelsorge ist da. Seit sechs Jahren Seelsorgerin in der JVA Aachen, 2022, https://tinyurl.com/mw6ncabz, Download: 25.03.2024.

die Mächte und Gewalten, und es ist auch nicht der noch so moralische oder religiöse Mensch. Kein Mensch steht auf der richtigen Seite der Geschichte.

In diese Situation hinein spricht Gott sein richtendes und befreiendes Wort. Wir werden nicht festgelegt auf unsere Vergangenheit, übernehmen aber Verantwortung für sie und für die Folgen unseres Verhaltens. Wir sind nicht ein für alle Mal verworfen, sondern dürfen hoffen auf Gottes Gegenwart in unserem Leben an jedem Tag, der uns gegeben ist.

In diesem Sinne scheint es mir tatsächlich berechtigt zu sein, von der Gefängnisseelsorge als einer Modellgemeinde[43] zu sprechen: Wenn nicht hier, wo sonst entfaltet die Rechtfertigungslehre ihre Leben gestaltende Kraft?

---

[43] Lucka, Michael, 21.01.24, s. Anm. 2.

V. Personalplanungsraum Gefängnisseelsorge

Die Gefängnisseelsorge hebt in ihrer intern-öffentlichen Debatte aus gutem Grund kontinuierlich darauf ab, dass sie als die amtlichen Vertreter evangelischer Seelsorge in der Justizvollzugsanstalt die Anwälte seelsorglicher Qualität insgesamt, nicht nur für den eigenen, konfessionellen Kontext, sind.[44] Das ordinierte Amt[45] lässt sich als die personell-institutionelle Integration aller Lebensäußerungen der Kirche lesen: Gottesdienst, öffentliche Verantwortung, Seelsorge/Diakonie, Bildung, Ökumene/Mission und Leitung. Zu den Kommunikationspartnern der Gefängnisseelsorger gehören neben allen anderen (wie den Gefangenen, Angehörigen, Bediensteten) auch die kirchlichen Leitungsverantwortlichen und politischen Mandatsträger. Es geht dabei also auch um Leitungsberatung zur Sicherung der Qualität des gesamten Systems, in das die Gefängnisseelsorge eingebettet ist.

1. Strukturell: Gute Absicherung

Strukturell gibt die Gefängnisseelsorge, auch wenn die gesamtkirchliche Entwicklung, insbesondere in finanzieller Hinsicht, eine andere, sehr ernste Sprache spricht[46], so die aktuelle und ausdrückliche Einschätzung im Büro

---

[44] Qualitätsstandards von Gefängnisseelsorge, in: Evangelische Konferenz für Gefängnisseelsorge in Deutschland, "Ich war im Gefängnis, und ihr seid zu mir gekommen", Leitlinien für die Evangelische Gefängnisseelsorge, 2009, S. 41-46.

[45] Diese Aussage gilt auch bei unterschiedlichen Verständnissen der Ordination z. B. in der EKiR und in der EKvW.

[46] EKD, Kirche im Umbruch. Zwischen demografischem Wandel und nachlassender Kirchenverbundenheit. Eine langfristige Projektion der Kirchenmitglieder und des Kirchensteueraufkommens der Universität Freiburg in Verbindung mit der EKD, 2019; EKD-Kirchenamt, Strukturbedingungen der Kirche auf längere Sicht; als Manuskript gedruckt 1986. Dieser Text mit drei Langfristszenarien hat bereits vor 40 Jahren auf das Problem sich selbst verstärkender Enttäuschungsschleifen bei der Rücknahme kirchlicher Leistungen aufgrund zurückgehender Ressourcen und auf die Möglichkeit der Majorisierung des evangelischen Bevölkerungsteils in Deutschland aufmerksam gemacht.

des Beauftragten der evangelischen Kirche am Sitz der Landesregierung, keinen Anlass zur Sorge.[47] Das Strafvollzugsgesetz mit den einschlägigen Paragraphen (§ 40 und § 41), sowie die einschlägigen Dienstordnungen und Richtlinien sind erst in den letzten Jahren verabschiedet worden und sichern insofern diesen Dienst verlässlich ab.[48] (Für eine hohe Wertschätzung des kirchlichen Dienstes in staatlichen Institutionen spricht nicht zuletzt die neue Regelung der Polizeiseelsorge[49], die erst im vergangenen Jahr 2023 Gesetz geworden ist.)

Auch innerkirchlich ist, aufgrund der finanziellen Garantien durch das Land Nordrhein-Westfalen, die strukturelle Absicherung der Gefängnisseelsorge kein grundlegendes Problem. Für die parochiale Struktur lässt sich am Beispiel der EKvW nachvollziehen, dass es vorrangig zu einer Zuordnung der aus Kirchensteuern zu finanzierenden gemeindlichen und gemeinsamen Pfarrstellen kommen muss. Dieses Problem wird seit rund 25 Jahren durch Korridor-Regelungen gelöst. Diese besagen, dass z. B. in einem Kirchenkreis auf eine Gemeindegliederzahl von a eine Pfarrstellenzahl von b Pfarrstellen für die Kirchengemeinden und c für kreiskirchliche Pfarrstellen finanziert werden. Die absoluten Beträge ändern sich dann

---

[47] Weber, Hedder, E-Mail an den Verfasser, 18.03.2024, verweist darauf, dass die Gefängnisseelsorge nach ihrer Einschätzung sehr gut finanziert ist.

[48] Dienstordnung für den Dienst der evangelischen Seelsorge in den Justizvollzugseinrichtungen und Unterbringungseinrichtungen für Ausreisepflichtige des Landes Nordrhein-Westfalen. Vom 31. Juli 2023 (KABl. 2023 I, Nr. 47, S. 114); EKiR, Richtlinie für die dienstaufsichtliche und fachliche Begleitung der Inhaberinnen und Inhaber von Pfarrstellen für die Seelsorge in Justizvollzugsanstalten, 2017; Gesetz zur Regelung des Vollzugs der Freiheitsstrafe in Nordrhein-Westfalen (Strafvollzugsgesetz Nordrhein-Westfalen – StVollzG NRW). Vom 13. Januar 2015 (Fn 1).

[49] Landtag NRW, Gesetzentwurf der Landesregierung, Gesetz zur Zustimmung zu der Vereinbarung über die kirchliche Polizeiseelsorge im Land Nordrhein-Westfalen, Drucksache 18/6721, 09.11.2023.

entlang der Gemeindeglieder- und Kirchensteuerentwicklung auf der Grundlage des Personalberichts.[50] Finanziert werden die Pfarrstellen durch eine Pfarrstellenpauschale, die auf Basis der Pfarrstellen- und Finanzsatzung entweder vom Kirchenkreis oder von jeder einzelnen Kirchengemeinde zu tragen ist.

2. Personell: Herausforderung „Fachkräftemangel"

Schwieriger wird es in personeller Hinsicht. Die Zahl der Pfarrpersonen ist in Westfalen zwischen 2012 und 2023 um ca. 25 % gesunken.[51] Dass die Zahl der Theologiestudenten seit Jahren rückläufig ist, kann als bekannt vorausgesetzt werden.

Dasselbe gilt erwartungsgemäß auch für die Studienbewerber an den evangelischen Hochschulen für die Gemeindepädagogik und die Diakonie. Offene Stellen für Gemeindepädagogen und Diakone bleiben länger unbesetzt. Von 650 VSBMO-Mitarbeitern in der EKvW sind 112 jünger als 29 und 255 älter als 50 Jahre.

Der Fachkräftemangel ist ein gesamtgesellschaftliches Phänomen, ebenso wie die Tatsache, dass die nachwachsende Generation genauso Kind ihrer Zeit ist, wie es die Baby-Boomer waren. Pauschalisierende Zuschreibungen wie etwa die Leistungs- und Karriereorientierung bei den Boomern und die Charakterisierungen der nachwachsenden Generation Z als die Generation „Schneeflöckchen" sind so richtig und so falsch, wie es generelle Zuschreibungen eben sind. Wissenschaftlich belastbar sind die Abgrenzungen von „Generationen" und deren Markierung durch Buchstaben ohnehin nicht.

Personell wird darauf zu achten sein, dass die Qualität der Arbeit sich auch in Qualifikation und Status der Amtsträger abbildet. Symbolisch spricht viel dafür, dass die theologische Rückbindung an die Grundunterscheidungen

---

[50] LKA, Rundschreiben 37/2021 „Planungskorridore für die Gemeindepfarrstellen in der EKvW", Az. 302.0, 29.11.2021.
[51] EKvW, Personalbericht 2023, S. 28.

der Reformation und die Kommunikationsfähigkeit im Kontext multipler Säkularitäten Teil der Dienstkultur sein sollte.

Es wird also im Blick auf die Personalentwicklung vor allem um Personalgewinnung und Qualitätssicherung im Sinne der Vermeidung von Deprofessionalisierung gehen. Die Begleitung von Theologiestudenten und die Wahrnehmung der Prüfungen zum Ersten und zum Zweiten Examen und damit der Ergebnisse des Vikariats führten nach meiner Erinnerung und Erfahrung[52] zu folgenden Erkenntnissen, die weitgehend vom aktuellen westfälischen Personalbericht bestätigt werden.

Wesentlich für die Entscheidung zum Theologiestudium, zur Eintragung in die Liste der Theologie-Studierenden und schließlich die Entscheidung für den Pfarrberuf sind die Sozialisation in

1) Elternhaus,

2) Kirchengemeinde (Schulpraktikum, Konfirmanden- und Jugendarbeit),

3) Schule (Religionsunterricht)[53],

4) Konversion von der römisch-katholischen zur evangelischen Kirche (Perspektiven für Frauen und zölibatsunwillige Männer),

5) Unzufriedenheit in anderen Studiengängen oder bereits ausgeübten Berufen.

---

[52] Meine Erinnerungen und Erfahrungen aus einem Zeitraum von rund 20 Jahren beruhen auf der Amtstätigkeit als Superintendent, Mitglied des Prüfungsamtes der EKvW und der Auswahlkommission für den Pfarrdienst der EKvW, sowie der Lehrtätigkeit an der Ev. Hochschule RWL Bochum (EvH), der Ev.-Theol. Fakultät der Ruhruniversität Bochum (RUB) und bei der Ausbildung von Verwaltungsfachangestellten für den Dienst in der Kirche in unterschiedlichen Konstellationen (Beese, Dieter, Kirchliche Lehre und Lebensordnung. Ein Lehr- und Lernbuch, 2018).

[53] EKvW, Personalbericht 2023, S. 25-27.

Mit diesen Beobachtungen ist die Zielgruppe hochreligiöser Jugendlicher angesprochen. Immerhin sind 20 % der Jugendlichen in Deutschland hochreligiös im Sinne des Bertelsmann-Religionsmonitors.[54]

Aussagekräftig für die Fähigkeit, ein Pfarramt auszuführen, sind die Qualität des Abiturzeugnisses und der beiden theologischen Examenszeugnisse. Dabei ist zu berücksichtigen, dass im Vikariat eine wichtige Entwicklung erfolgt. Im Normallfall gelingt während des Vikariats die Integration von Studieninhalten der Universität, unmittelbaren Erfahrungen im gemeindlichen Dienst und individueller Persönlichkeitsentwicklung auffallend gut, so dass die Kompetenz zu wissenschaftsbasierter Praxis- und Erfahrungsreflexion vor dem Horizont eines qualifizierten Dienstverständnisses häufig stark ausgeprägt ist.

Die Verbindlichkeit und Qualität der Fortbildung im Pfarramt sollte den Anforderungen der tatsächlich wahrzunehmenden Aufgabe entsprechen. Als positive institutionelle Ressourcen sind hier beispielsweise die Fort- und Weiterbildung aktueller und künftiger Führungskräfte an der Akademie für Kirche und Diakonie in Berlin[55] und am Institut für Diakoniewissenschaft und Diakoniemanagement der Universität Bielefeld[56] anzusprechen.

Seit zehn Jahren besteht in Heidelberg ein Masterstudiengang für Quereinsteiger ins Pfarramt. Er richtet sich an Menschen, die einen

---

[54] Faix, Tobias/Jung, Stefan/Künkler, Tobias (Hg.), Evangelisch Hochreligiöse im Diskurs, 2020; dort u. a.: Jung, Stefan/Armbruster, André, Evangelisch Hochreligiöse als Zukunft der Kirche – Organisations-soziologische Überlegungen, S. 105-119, sowie: Beese, Dieter, Zwischen Landeskirche und Freikirche – Die Vielschichtigkeit der Hochreligiosität evangelischer Jugendlicher, S. 157-179; zum inhaltlich-konfessionellen Profil hochreligiöser Jugendlicher: S. 161f; zur inhaltlich-theologischen Seite der kirchlichen Personalgewinnung: S. 178f.

[55] Homepage der Akademie für Kirche und Diakonie: https://tinyurl.com/yn8n93zc, Download: 24.03.2024.

[56] Homepage des Instituts für Diakoniewissenschaft und Diakoniemanagement: https://tinyurl.com/4xxvxy5x, Download: 24.03.2024.

Bachelorabschluss vorweisen können und in einem kirchenfernen Beruf Erfahrungen gesammelt haben.[57]

Welche konkreten Maßnahmen im Bereich der Gefängnisseelsorge angezeigt sind, wird innerhalb des Arbeitsfeldes am besten bedacht werden können, naheliegend wären Angebote von gefängnisseelsorgerelevanten Themen in gemeindlichen Selbsthilfegruppen, kirchlichem Unterricht, thematischen Gottesdiensten und Gemeindepraktika (auch ohne Ortstermine in einer JVA).

Der Personalbericht der EKvW präsentiert an prominenter Stelle neue Formate zur Nachwuchsgewinnung, z. B. die Kompasstagung als Informationsveranstaltung über kirchliche Berufe, eine interaktive Karte zum Berufseinstieg nach einer Ausbildung, die Teilnahme an Berufsmessen, das Kompassjahr als FJS in einem kirchlichen Beruf.[58]

Theologiestudenten können über kooperative Lehrangebote an den Universitäten erreicht werden. In Planung ist beispielsweise an der Ev.-Theol. Fakultät der RUB für das Wintersemester 2024/25 eine Lehrveranstaltung unter dem Thema „Muss Strafe sein?" mit Prof. Dr. Traugott Jähnichen, bei der sich eine Kooperation mit der Gefängnisseelsorge NRW anbietet. Für die Fortbildung dürften sicher die Pastoralkollegs offen sein.

Zu überlegen wäre, ob erfahrene Gemeindepfarrer die Berufslaufbahn ihrer letzten Amtsjahre im Arbeitsbereich Gefängnisseelsorge ausklingen lassen möchten. Im akademischen Bereich kommt es vor, dass Professoren nach ihrer Emeritierung sich für die Zeit der Vakanz im Ruhestand auf der Grundlage einer besonderen Vereinbarung selbst vertreten. Insgesamt werden die Möglichkeiten des Engagements von Gefängnisseelsorgern aus der Gruppe

---

[57] Deininger Lisa/Oeming, Manfred, Eine wunderbare Chance. Zehn Jahre Masterstudiengang „Theologische Studien" in Heidelberg, in: DtPfrBl 2/2024, S. 65-69. Einen vergleichbaren Studiengang bietet auch die Kirchliche Hochschule Wuppertal an: KiHo Wuppertal, Master of Theological Studies, Berufsbegleitender Studiengang startet wieder, 2022, https://tinyurl.com/yc63sctm, Download: 20.05.2024.

[58] EKvW Personalbericht 2023, S. 9-12.

der Pfarrer im Ruhestand zu eruieren sein.[59] Dasselbe gilt auch für mögliche Gastdienste.[60]

3.   Möglichkeiten und Grenzen interprofessioneller Teams

Die Etablierung interprofessioneller Teams[61] kann als zweitbeste Lösung angesichts sich verschärfenden Pfarrer- und Personalmangels (miss)verstanden werden. Dies ist aber nicht zwingend. Interprofessionalität kann vielmehr zur Qualitätsentwicklung und Diversitätsentwicklung des gesamten kirchlichen Dienstes produktiv genutzt werden[62], setzt aber voraus, dass die Professionen und Berufsbilder spezifisch genutzt (Multiprofessionalität) und in Konzepte eingebunden werden (Interprofessionalität), so dass aktuelle Herausforderungen aufgegriffen werden (Transprofessionalität)[63] und es dabei weder zu einer Klerikalisierung der Berufe außerhalb des Pfarramts noch zu einer Deprofessionalisierung des Pfarramts kommt.

---

[59] Böhlemann, Kathrin/Groll, Thomas, Immer mehr Kompetenz und Vielfalt im Ruhestand, DtPfrBl. 11/2023, S. 679-684; Groll, Thomas, Mit Lust und Kompetenz zum Zuge kommen. Zahlen, Fakten, Hintergründe zum Engagement im Ruhestand. Ein Gespräch mit Thomas Groll in: PV-Info Nr. 1/Mai 2023, S. 9f.

[60] Westhoff, Michael, Gemeinden schätzen Erfahrung und Kompetenz. Gastdienstler sorgen für Entlastung, Gespräch mit Michael Westerhoff, in: PV-Info Nr. 1/Mai 2023, S. 11f.

[61] LKA, Rundschreiben 28/2021, Umsetzung Gesamtkonzept „Interprofessioneller Pastoralteams in der Evangelischen Kirche von Westfalen", Az. 302.5, 09.08.2021.

[62] LKA, IPT-Konzept im Überblick, 2021, Folie 6. Dort werden als Gründe für die Etablierung des interprofessionellen Pastoralteams in Westfalen angegeben: „Fürsorgepflicht für Pfarrerinnen und Pfarrer, gute Verfügbarkeit von geeignetem Personal, Teamarbeit wird möglich, Interprofessionalität entspricht der Komplexität der Herausforderungen für kirchliche Arbeit, Planungsfreiheit auf der Ebene der Kirchenkreise."

[63] Beese, Bei der Kirche arbeiten, 2018, S. 33, s. Anm. 4, www.dieter-beese.de, Volltexte, Download: 24.03.2024.

Neben der Qualifikation ist damit auch der *Status* der Gefängnisseelsorger angesprochen. Dass kirchliche Amtsträger mit einem abgeschlossenen Universitätsstudium und einem Zweiten Examen nach einem intensiven Vorbereitungsdienst und einem formellen Probedienst vor Ausstellung der Anstellungsfähigkeit bisher für die Gefängnisseelsorge den Normalfall darstellen, ist keine Bagatelle, sondern politisch und protokollarisch sinnvoll, um die kirchliche Bedeutung des Dienstes auf einer Ebene z. B. mit der Gefängnisleitung im Blick auf Gesprächs- und Argumentationsfähigkeit sowie als Akt symbolischer Kommunikation zum Ausdruck zu bringen.[64]

Soweit im kirchlichen Sinne hoheitliche Aufgaben durch andere ordinierte oder besonders beauftragte Personen wahrgenommen werden (die Qualifizierung des Pfarrdienstes als Wahrnehmung hoheitlicher Aufgaben der Kirche liegt der Einrichtung dieses öffentlich-rechtlichen Dienstverhältnisses zu Grunde), ist für eine dem Vorbereitungs- und Probedienst entsprechende Fort- bzw. Weiterbildung Sorge zu tragen, um die Qualität der Arbeit zu sichern und eine Deprofessionalisierung zu vermeiden.[65] Dabei ist zu klären, inwieweit es sich hier um *Voraussetzungen* für die Tätigkeit im Arbeitsbereich handeln sollte, oder ob eine *tätigkeitsbegleitende Qualifizierung* angezeigt ist. Von Bedeutung ist dabei das Erfordernis, die Breite der für das

---

[64] Das wissenschaftliche Symposium der EKvW im Rahmen des Synodalen Arbeitsprozesses „Das Pfarramt in der Dienstgemeinschaft der Kirche" hat sich mit fünf Thesen zur kirchlichen Personalpolitik befasst. In „These 5 Interprofessionelle Projekte erproben", heißt es: „Ämter und Dienste bilden gleichermaßen die Einheit der Kirche wie die Verschiedenheit der Aufgaben und Gaben der Gläubigen ab; dabei nimmt der Pfarrdienst in reformatorischer Tradition eine nicht substituierbare Sonderstellung ein, die im Dienst für und in der Gemeinschaft mit allen anderen Ämtern und Diensten steht." Kurschus, Annette/Beese, Dieter (Hg.), Der Pfarrdienst in der Dienstgemeinschaft der Kirche. Wissenschaft und Kirche im Dialog, 2018, S. 18.

[65] Der Vorstand des Pfarrvereins befasst sich derzeit kritisch mit den Planungen und ersten Realisierungsschritten interprofessioneller Teams, vor allem in der Gemeindearbeit: Thurm, Rüdiger/Sternke-Menne, Sandra, Kritische und optimistische Blicke auf Interprofessionelle Pastoralteams. Differenzierte Positionen und Fragen aus dem Vorstand des Pfarrvereins, in: PV-Info – Nr. 1/Mai 2023, S. 2-8.

Pfarramt im Allgemeinen erforderlichen Qualifikationen mit den für den Arbeitsbereich notwendigen spezifischen (Zusatz-)Qualifikationen zu verbinden.

Schlussbemerkung

Die Landeskirchen und die Diakonie bemühen sich, ihre Personalpolitik strategisch zu entwickeln. In Westfalen spielt dabei der Terminus des Personalplanungsraums eine Schlüsselrolle. Der „spacial turn" in den Sozialwissenschaften legt es nahe, vergleichbar z. B. mit der Debatte über die Sozialräumlichkeit der Diakonie, den Begriff „Raum" nicht allein geografisch, sondern auch soziologisch zu verstehen.

Die Gefängnisseelsorge in Nordrhein-Westfalen ist strukturell, personell und materiell gut abgrenzbar und eigenständig. Insofern liegt es nahe, dass die Gefängnisseelsorge sich selbst als einen eigenständigen Personalplanungsraum betrachtet und diesen Raum eigenverantwortlich entwickelt, um ihren Dienst auch in Zukunft auftragsgemäß tun zu können.

Es spricht also manches dafür, dass die Gefängnisseelsorge in Nordrhein-Westfalen sich selbst in einem klar vereinbarten Selbstgestaltungsprozess Leitlinien einer strategischen Personalentwicklung für einen Zeitraum von zehn Jahren gibt und diese schon während der Konzeptentwicklung sukzessive schrittweise verbindlich realisiert.

Die Gefängnisseelsorge ist tief in der biblischen Überlieferung und der historischen Erfahrung der Kirche verankert. Sie stellt darüber hinaus aktuell einen wichtigen Beitrag zur Förderung der Demokratie dar. Dies ist auch ein Teil des Commitments, das die Mitglieder der Gefängnisseelsorgekonferenz auszeichnet und künftige Seelsorger und Seelsorgerinnen zur Mitarbeit bewegen kann.

Literaturverzeichnis

Ackermann, Ulrike, Die neue Schweigespirale. Wie die Politisierung der Wissenschaft unsere Freiheit einschränkt, 2022.

Anselm, Reiner/Merle, Kristin/Pohl-Patalong, Uta, Religiosität in ihrer Vielfalt ernst nehmen, DtPfrBl 12/2023, S. 732-734.

Barth, Hermann, Vortrag in der Hermann Ehlers-Akademie Kiel, 11.05.2066, https://tinyurl.com/46ftt6h4, Download: 25.03.2024.

Beese, Dieter, Bei der Kirche arbeiten. Zehn Thesen, in: ders., Bei der Kirche arbeiten. Zur Motivation kirchlichen Engagements, 2018, S. 143-159, www.dieter-beese.de, Volltexte, Download: 06.04.2024.

Ders., Geschichtlich-theologische Aspekte einer Seelsorge in der Diakonie, in: Diakonie Rheinland-Westfalen-Lippe (Hg.), Seelsorge in der Diakonie RWL, Einblicke, Erfahrungen und Perspektiven. Digitale Impulse aus dem Kontext der Diakonie RWL, 2021, https://tinyurl.com/2yt67bb7, Download: 23.03.2024.

Ders., Kirchliche Lehre und Lebensordnung. Ein Lehr- und Lernbuch, 2018, www.dieter-beese.de, Volltexte, Download: 22.04.2024.

Ders., Zwischen Landeskirche und Freikirche – Die Vielschichtigkeit der Hochreligiosität evangelischer Jugendlicher, in: Faix, Tobias u. a., 2020, S. 157-179.

Böhlemann, Kathrin/Groll, Thomas, Immer mehr Kompetenz und Vielfalt im Ruhestand, in: DtPfrBl 11/2023, S. 679-684.

Brockschmidt, Annika, Amerikas Gotteskrieger. Wie die religiöse Rechte die Demokratie gefährdet, 2. Aufl. 2021.

Bundesamt des Innern und für Heimat, Verfassungsschutzbericht 2022, 2023, https://tinyurl.com/3ax9pf74, Download: 13.03.2024.

Burchardt, Martin/Wohlrab-Sahr, Monika, Postsäkularität oder multiple Säkularitäten? Was steckt hinter den neuen Deutungen der religiösen Lage? Theologische Literaturzeitung (ThLZ) 3, 2024, Sp. 127-140.

Deininger, Lisa/Oeming, Manfred, Eine wunderbare Chance. Zehn Jahre Masterstudiengang „Theologische Studien" in Heidelberg, in: DtPfrBl 2/2024, S. 65-69.

Deutscher Bundestag: Entwurf eines Gesetzes zur Förderung von Maßnahmen zur Demokratieförderung, Vielfaltgestaltung, Extremismusprävention und politischen Bildung (Demokratiefördergesetz – DFördG), Drucksache 20/5823, 01.03.2023, Download: 22.03.2024, https://dserver.bundestag.de/btd/20/058/2005823.pdf.

Erichsen, Friederike, Wie hält es die Kirche mit der Kirchenmitgliedschaftsuntersuchung? In: DtPfrBl 12/2023, S. 727-731.

Evangelische Kirche in Deutschland, 6. Kirchenmitgliedschaftsuntersuchung zur Bedeutung der Kirche in der Gesellschaft, 2023, https://tinyurl.com/4vmkbhum, Download: 23.03.2024.

Evangelische Kirche in Deutschland, Kirche im Umbruch. Zwischen demografischem Wandel und nachlassender Kirchenverbundenheit. Eine langfristige Projektion der Kirchenmitglieder und des Kirchensteueraufkommens der Universität Freiburg in Verbindung mit der EKD, 2019.

Dies., Evangelische Kirche und freiheitliche Demokratie. Der Staat des Grundgesetzes als Angebot und Aufgabe, 1985.

Dies., Kirchenamt, Strukturbedingungen der Kirche auf längere Sicht; als Manuskript gedruckt, 1986.

Evangelische Kirche im Rheinland, Dienstordnung für den Dienst der evangelischen Seelsorge in den Justizvollzugseinrichtungen und Unterbringungseinrichtungen für Ausreisepflichtige des Landes Nordrhein-Westfalen. Vom 31. Juli 2023 (KABl. 2023 I, Nr. 47, S. 114).

Dies., Richtlinie für die dienstaufsichtliche und fachliche Begleitung der Inhaberinnen und Inhaber von Pfarrstellen für die Seelsorge in Justizvollzugsanstalten, 2017.

Dies., Reinhold, Sabine. Seelsorge ist da. Seit sechs Jahren Seelsorgerin in der JVA Aachen, 2022, https://tinyurl.com/mw6ncabz, Download: 25.03.2024.

Evangelische Kirche von Westfalen, Aufgaben und Ziele der EKvW 2008, https://tinyurl.com/3a3ead62, Download: 23.04.2024.

Dies., Landeskirchenamt, Rundschreiben 28/2021, Umsetzung Gesamtkonzept „Interprofessionelle Pastoralteams in der Evangelischen Kirche von Westfalen", Az. 302.5, 09.08.2021.

Dies., Landeskirchenamt, Rundschreiben 37/2021, „Planungskorridore für die Gemeindepfarrstellen in der EKvW, Az. 320.0, 29.11.2021.

Dies., Landeskirchenamt, IPT-Konzept. Überblick.ppt, 2021

Dies., Personalbericht 2023.

Evangelischer Gefangenen Fürsorge Verein Düsseldorf e. V., Friedemann Bruhn, Jörn-Erik Gutheil (Hg.), Von der „Besserungsanstalt" zum modernen Strafvollzug. Evangelischer Gefangenen Fürsorge Verein Düsseldorf e. V., 2012.

Evangelische Konferenz für Gefängnisseelsorge in Deutschland, „Ich war im Gefängnis, und ihr seid zu mir gekommen" Leitlinien für die Evangelische Gefängnisseelsorge in Deutschland, 2009, Download: 22.04.2024, https://tinyurl.com/ywkn8rtp.

Faix, Tobias/Jung, Stefan/Künkler, Tobias (Hg.), Evangelisch-Hochreligiöse im Diskurs, 2020.

Fischer, Johannes, Religionssoziologie als neue kirchliche Leitwissenschaft? DtPfrBl 12/2023, S. 735-738.

Gesetz zur Regelung des Vollzugs der Freiheitsstrafe in Nordrhein-Westfalen (Strafvollzugsgesetz Nordrhein-Westfalen – StVollzG NRW) v. 13. Januar 2015 (Fn 1).

Gillner, Matthias, Ethische Bildung in der Bundeswehr. Selbstbindung an Werte und moralische Urteilskraft, in: Zentrum für ethische Bildung in den Streitkräften (Hg.), Ethik und Militär. Kontroversen in Militärethik und Sicherheitspolitik, 2019/02, https://tinyurl.com/ykf5hasj, Download: 22.04.2024.

Groll, Thomas, Mit Lust und Kompetenz zum Zuge kommen. Zahlen, Fakten, Hintergründe zum Engagement im Ruhestand. Ein Gespräch mit Thomas Groll, in: PV-Info Nr. 1/Mai 2023, S. 9f.

Jung, Stefan/Armbruster, André, Evangelisch-Hochreligiöse als Zukunft der Kirche – Organisationssoziologische Überlegungen, in: Faix, Tobias u. a. 2020.

Kostner, Sandra, Wissenschaftsfreiheit: Warum dieses Grundrecht zunehmend umkämpft ist, 2022.

Kurschus, Annette/Beese, Dieter, Das Pfarramt in der Dienstgemeinschaft der Kirche. Wissenschaft und Kirche im Dialog, 2018.

Latzel, Thorsten, Bericht zur Landessynode 2024, presse.ekir.de, Download: 22.03. 2024.

Lenzen, Dieter, Die Herrschaft der Büros, F.A.Z., 22.05.2024, https://tinyurl.com/2b7k2nt7, Download: 23.05.2024.

Lotter, Maria-Sibylle, Schuld und Respekt. Über die Praxis von Vergeltung und Versöhnung, 2024.

Mau, Steffen/Lux, Thomas/Westhäuser, Linus, Triggerpunkte. Konsens und Konflikt, Sonderdruck, 2. Aufl. 2023.

Montesquieu, Vom Geist der Gesetze (1748), eingeleitet und übersetzt von Kurt Wiegand, 1965.

Munsonius, Hendrik, Religion im Grundgesetz. Einige Anmerkungen anlässlich seines 75jährigen Bestehens, in: DtPfrBl 5/2024, S. 244-249.

Neu, Viola, Religiosität und Wahlverhalten. Eine repräsentative Untersuchung (Konrad Adenauer-Stiftung, Analysen und Argumente 408), 2020.

Pfalzer, Stephanie/Schroven, Günter/Walkenhorst, Philipp, Ethik im Vollzug – das gibt's! Theoretische Grundlegungen und praktische Bedeutung, Forum Strafvollzug, Zeitschrift für Strafvollzug und Straffälligenhilfe (FS) 3/2027, S. 154f.)

Pollack, Detlev, Der Westen als Täter. Die Wurzeln des postkolonialen Antisemitismus, in: FAZ 2203.2024, https://tinyurl.com/bdhf42uf, Download: 25.03.2024.

Ders., Theologen auf dem Holzweg, in: FAZ, 14.11.2023, https://tinyurl.com/39cy63a9, Download: 25.03.2024.

Schmitt, Carl, Politische Theologie I. Vier Kapitel zur Lehre von der Souveränität, 1922, 6. Aufl. 1993.

Schröder, Martin, Wann sind wir wirklich zufrieden? Überraschende Erkenntnisse zu Arbeit, Liebe, Kindern, Geld. Mit neuen Daten und einem Kapitel zur Zufriedenheit in der Pandemie, 2021.

Ders., Warum es uns noch nie so gut ging und wir trotzdem von Krisen reden, 2. Aufl. 2018.

Schröter, Susanne, Im Namen des Islam. Wie radikalislamische Gruppierungen unsere Gesellschaft bedrohen, 2021.

Statista 2024, Wie viel Vertrauen haben Sie zu folgenden Institutionen? Institutionen - Vertrauen in Deutschland 2023 | Statista, Download: 22.04.2024.

Dies. 2018, Ist der Rechtsextremismus bzw. Linksextremismus eine (sehr) große Gefahr für die Demokratie in Deutschland? Gefährdung der Demokratie durch Rechts- und Linksextremismus 2018 | Statista, Download: 11.04.2024.

Strobel, Bastian, Politik und Verwaltung in deutschen Diktaturen. Eine vergleichende Analyse des Nationalsozialismus und des DDR-Regimes, 2022.

Thurm, Rüdiger/Sternke-Menne, Sandra, Kritische und optimistische Blicke auf Interprofessionelle Pastoralteams. Differenzierte Positionen und Fragen aus dem Vorstand des Pfarrvereins, in: PV-Info Nr. 1/Mai 2023, S. 2-8.

Wagener, Ulrike, Ethische Bildung in der Polizei, in: Ethik und Gesellschaft 1/2009: Bildung, Gerechtigkeit und Kompetenz, Download: 22.04.2024, https://tinyurl.com/muc7m8h6.

Weckelmann, Thomas/Weber, Hedder, Gefängnisseelsorge/Seelsorge im Maßregelvollzug, Seelsorge in der Unterbringungseinrichtung für Ausreisepflichtige, Büren, in: Kemper, Burkhard/Schilberg, Arno (Hg.), Staat und Religion in Nordrhein-Westfalen 2020, S. 481-484.

Westhoff, Michael, Gemeinden schätzen Erfahrung und Kompetenz. Gastdienstler sorgen für Entlastung, Gespräch mit Michael Westerhoff, in: PV-Info Nr. 1/Mai 2023, S. 11f.

Wolffssohn, Michael, Nie wieder? Schon wieder! Alter und neuer Antisemitismus, 2024.

Stichwortverzeichnis

Printed by Books on Demand GmbH, Norderstedt / Germany